Daivika

Wenn der Körper die Erde wärmt

Saint Germain, Sanat Kumara, Sananda...

Bitte fordern Sie unser kostenloses Verlagsverzeichnis an:

Smaragd Verlag
In der Steubach 1
57614 Woldert (Ww.)
Tel.: 02684-97848-10
Fax: 02684-97848-20
E-Mail: info@smaragd-verlag.de
www.smaragd-verlag.de

Oder besuchen Sie uns im Internet unter der obigen
Adresse.

© Smaragd Verlag, 57614 Woldert (Ww.)
Deutsche Erstausgabe: Juni 2010
© Cover: phecsone, Fotolia.com
Umschlaggestaltung: preData
Satz: preData
Printed in Czech Republic
ISBN 978-3-941363-16-8

Daivika

Wenn der Körper die Erde wärmt

Saint Germain, Sanat Kumara, Sananda...

Smaragd Verlag

Über die Autorin

 Daivika wurde 1970 geboren und lebt gemeinsam mit ihrer Familie und ihren beiden Katzen in einer Kleinstadt bei Baden Baden.
Sie ist psychische Beraterin, Heilmedium, Lehrerin für energetisches Heilen und gibt dieses Wissen in Workshops weiter.

Workshop-Programme und Termine können unter folgender eMail-Adresse angefordert werden.

daivika@t-online.de

Inhalt

Vorwort

Ich glaube, jeder Mensch trägt eine tiefe Sehnsucht in sich, die er im Laufe seiner Zeit zum Ausdruck bringen möchte. Meine innere Berufung und mein sehnlichster Wunsch waren es schon immer, ein Buch zu schreiben.

Wenn der Körper die Erde wärmt sollte eigentlich eine Sammlung von Lebensgeschichten der Menschen werden, die aus unserem materiellen Leben ausgestiegen sind, die – aus welchem Grund auch immer – auf der Straße leben und tagtäglich mit ihrem Körper die Erde wärmen. Ich wollte die Geschichten in Erfahrung bringen und so ein Stück der Großartigkeit weitergeben, die ich in meinen wenigen Gesprächen erleben durfte.

Aber dann trat die Geistige Welt mit der Bitte an mich heran, das Konzept für mein Buch zu ändern, und dies, wie ich dann erfuhr, sogar grundlegend. Es sollte ein Buch mit 21 gechannelten Texten und Meditationen von verschiedenen Meistern, Engeln und auch Devas werden.

Die Meditationen beinhalten viele Möglichkeiten und sollen uns Wege aufzeigen, unseren Körper energetisch in die Schwingung zu bringen, die er bis 2012 erreicht haben sollte. Je mehr wir heute schon in dieser Schwingung sind, desto mehr werden wir uns selbst und unseren Plan erkennen (wenn der Plan so aussieht wie bei mir, dann werft alles über Bord, haltet einige unbeschriebene Blätter bereit und beginnt damit, euer Lebensbuch neu zu schreiben☺).

Aber Spaß beiseite, ich glaube, in erster Linie geht es darum: Je mehr Liebe wir für uns selbst empfinden, desto mehr Liebe und Wärme können wir weitergeben. Und so sind es doch die Körper, die die Erde wärmen.

Ich hoffe von ganzem Herzen, mit diesem Buch ein weiteres Stück meines Weges gegangen zu sein. Die Durchsagen, die an mich herangetragen wurden, habe ich wörtlich wiedergegeben und nicht verändert. Mögen auch manche Sätze vielleicht nicht ganz unseren Verstand erreichen, so bin ich mir sicher: Die Liebe und die Energie, die hinter den Worten stehen und die ich während dieser Zeit erfahren durfte, tun es gewiss.

Aus der Tiefe meiner Seele schicke ich euch einen Lichtstrahl voller Liebe, der euch beim Lesen begleiten wird

Daivika

Saint Germain

Meine Kinder,

lange Zeit, noch bevor ihr auf der Erde wart, haben wir Meister bereits unter euch unsere Erfahrungen gemacht. Die meisten von uns wissen, wie es ist, in der Dualität zu leben, und auch, dass manches, was so einfach scheint, in der Umsetzung dann schwerer ist, als man zu Beginn dachte. Allezeit möchten wir euch helfen, euren Weg zu meistern, unser Herz ruft danach, euch sprichwörtlich unter die Arme zu greifen, und doch respektieren wir jederzeit euren Willen und helfen nur dann, wenn uns euer Ruf erreicht.

Gerade in den nächsten Jahren werden sich eure Erfahrungen häufen, und es werden mitunter unruhige Jahre, die ihr aber – und dessen sind wir uns sicher – meistern werdet. Ja, es werden eure Meisterjahre werden, und um euch zu unterstützen, werden wir die nachfolgenden Zeilen durchgeben. Nach und nach wird sich eure Schwingung schon beim Lesen erhöhen, und ihr werdet Stück für Stück ganz behutsam euren energetischen Körper stärken und lichtvoller werden.

Es geht in den nächsten Jahren auch darum, euer Herz zu öffnen, alte Strukturen zu lösen und zur reinen Freude zurückzufinden (dazu wird Sananda in einem späteren Kapitel zu euch sprechen). Ihr sollt lernen, das Leben zu zelebrieren, ohne Zwang, ohne die alten Muster, einfach zu sein. Eigentlich könnte man sagen: so, wie es einst war

– und doch anders, denn euer Bewusstsein ist um all die Erfahrungen reicher, ist um so viel Weisheit und Gnade gewachsen. Ohne alle diese Erfahrungen, das Wachstum eurer Seelen, wären wir heute nicht da, wo wir sind. Die Kanäle wären geschlossen, und wir hätten auch nicht die Möglichkeit, durch Medien zu euch zu sprechen und durch Heiler zu wirken. Deshalb, meine Kinder, seid stolz auf alle diese Erfahrungen, sie waren richtig und zur rechten Zeit, damit ihr wachsen und reifen konntet für die Zeit, die nunmehr kommt. Und alles ist gut.

Ich möchte euch bitten, euch für die folgende Meditation auf den Boden zu setzen.

Komm langsam zur Ruhe und beobachte für eine Weile deinen Atem, wie er kommt und wieder geht. Wie großartig alles seinen Lauf nimmt, ohne jegliches Zutun.

Alles läuft von selbst. Sei dir deines Körpers bewusst, wie er den Boden berührt, und nimm eine kraftvolle rote Energie wahr, die von Mutter Erde langsam beginnt, in dir aufzusteigen. Die rote Energie füllt deinen Körper an, bis hinauf in deine Herzgegend, und kommt dort zur Ruhe.

Nun öffne dein Kronenchakra und nimm wahr, wie dich eine lichtvolle grüne Heilenergie ganz langsam und sanft von oben her auffüllt. Sie wandert bis in dein Herzchakra und fließt auch in deine Arme und Hände hinein. Nun beginnen sich die beiden Energien zu vermischen, sie fließen ineinander und durchwandern deinen ganzen Körper.

Genieße diesen Augenblick, so lange du möchtest. Wenn der Prozess für dich beendet ist, möchte ich dich bitten, das folgende Gebet/Mantra zu sprechen:

„Ich bitte von ganzem Herzen, meine Strukturen aufzubrechen und zu lösen.
Mögen Liebe und Demut meine Wunden heilen, damit ich am Anfang meiner Tage ankommen und die Glückseligkeit auf Erden leben kann.
In vollem Bewusstsein meiner Seele und der Erkenntnis darüber, wer ich wirklich bin."

Und nun, meine Freunde, schicke ich euch weiter. Mein Beitrag zu diesem Buch ist beendet. Aber seid euch gewiss, immer wenn ihr mich ruft und entscheidet, meine Hilfe zu benötigen, bin ich bei euch und an eurer Seite.

Nun lege ich meine Hand auf euer rechtes Schulterblatt und lasse meine Liebe direkt in euer Herz fließen. So sind wir über die Liebe für allezeit verbunden.

Seid gesegnet!
Saint Germain

Kyriell

Ich bin Kyriell, und an sich verbringe ich meine Zeit bei euren Blumen, in den Blüten, und ab und zu auch mit euren Tieren, im Allgemeinen nennt ihr uns Pflanzendevas. Nun aber darf ich die Worte überbringen, die unser Volk an euch richten möchte.

Unsere Energie ist sehr leicht und beschwingt, und wir werden auch diese in unsere Worte einfließen lassen. Darum möchte ich euch bitten, für einen Moment eure Augen zu schließen, in eure Mitte zu kommen und meine Energie mit eurem Herzen wahrzunehmen.

Nun höre meine kurzen, aber so wichtigen Worte:

Jede Blume, jeder Lichtstrahl ist ein Geschöpf aus Energie und Liebe. Einen Teil dieser Liebe hauchen wir ein in alles, was lebt. Wir spinnen einen Silberfaden von Blume zu Blume und erbauen ein neues Gitternetz für Mutter Erde. So können auch wir Stück für Stück etwas einbringen in den Wandel der Zeit.

Es war uns sehr wichtig, gerade zu dieser Zeit bei und mit dir zu sein. Und so bringen wir die Liebe von Ort und Ort. Du kannst uns dabei unterstützen. Erkenne einfach unser Tun an und segne es mit deiner Liebe. Und so sie-

he jeden Duft einer Blume als Duft eines Neubeginns, für eine Zeit, in der auch ihr Menschen uns wieder näher sein werdet und ein Zusammenwirken als solches um ein Vielfaches einfacher sein wird.

Nimm nun mit deinem inneren Auge wahr, wie ich mit meinen durchscheinenden Flügeln vor deinem Körper schwebe. Mit all meiner Liebe puste ich dir Lichtstaub in dein Stirnchakra, damit unsere Liebe und Leichtigkeit deinen Weg erhellen mögen. So wird sich deine Wahrnehmung durch dein inneres Auge erhöhen, und in jeder Blume die du siehst, in jedem Geschöpf, dem du begegnest, erkenne diese Liebe.

Wir segnen dich mit der Leichtigkeit unseres Seins und in dem Wissen, dass wir immer nur einen Flügelschlag voneinander entfernt sind.

Kyriell

Erzengel Gabriel

Von Anbeginn der Zeit bin ich bei euch, leite eure Wege, stehe an eurer Seite und flüstere euch mit dem Wind die Wahrheiten zu. Oft lächelt ihr, wenn ihr erkennt, dass vieles in euch sich immer wieder im anderen spiegelt. Aber es ist gerade der Spiegel, der euch immer daran erinnert, wer ihr seid und welche nächsten Schritte gerade zu gehen sind. In völliger Ruhe in eure eigenen Augen schauend und den Blick nach innen gerichtet erkennt ihr euer wahres Ich.

Vom Anbeginn bis zur jetzigen Zeit sind so viele Leben vergangen, deren Ausmaß sich eurem jetzigen Verstand entzieht. Aber die Liebe und die Erfahrung tragt ihr in eurem Herzen. Um sich der Reinheit all dessen gewahr zu werden, um einige weitere Schritte zu gehen, möchte ich mit euch gemeinsam noch einmal einen Schritt zurückgehen.

Stell dir vor, in deinem Herzen ruht ein wunderschöner klarer Bergkristall, in dem all dein Wissen, alle deine Erinnerungen gespeichert sind. Gemeinsam mit dir möchte ich dir den Zugriff auf diese Erinnerungen nun ermöglichen.

Begib dich in das Innere des Bergkristalls. Wenn du in der Mitte deines Bergkristalls stehst, breite deine Arme aus und nimm seine ganze Schwingung wahr. Langsam vergrößert sich der Bergkristall, und auch du beginnst zu wachsen. Beide werdet ihr immer größer, dehnt euch immer weiter aus.

Die Zeit verliert ihre Bedeutung und dein Bewusstsein nimmt immer mehr Raum ein. Wenn du deine wahre Größe erkannt hast, verharre einige Zeit in diesem Bewusstsein und kehre dann ganz langsam in deinem Kristall wieder in dein Herzzentrum zurück.

Der Bergkristall hat während eurer gemeinsamen Reise alle deine Schatten aufgefangen, die dich noch daran hindern, deine wahre Größe zu leben. Wenn du möchtest, wird er dir die Bilder nun freigeben.

Gehe mit deiner Aufmerksamkeit nun einen Schritt aus deinem Bergkristall hinaus und schaue von außen in sein Zentrum. Er wird dir Bilder zeigen, lass sie einfach an dir vorüberziehen. Bei vergangenen Erfahrungen bedanke dich, auch in dem Bewusstsein, dass es alles Geschehnisse waren, die dich zu dem Wesen machten, das du heute bist. Schau und lass los.

Führe diesen Prozess so lange aus, wie der Bergkristall dir deine Bilder zeigt.

Wenn du zum Ende gekommen bist und der Bergkristall wieder in seiner vollen Reinheit strahlt, nimm wahr, *wie ich, Erzengel Gabriel, hinter dich trete, meine Hände auf deine Schultern lege und dich mit meinen Flügeln umarme. All meine Liebe fließt über deinen Körper in dein Herz und in deinen Bergkristall. Wisse, du kannst jetzt alles loslassen, so dass du völlig in deiner Mitte bist, alles Gelöste darf transformiert werden und du kannst das Leben leben, das deine Seele Tag für Tag ein Stück näher in deinen physischen Körper bringt.*

Wenn dein Lichtköper völlig frei und losgelöst ist von alten Strukturen, wenn Liebe frei in jede Richtung fließen darf, dann kannst auch du mit deiner Liebe die Erde unterstützen. Jeder Blick, jedes Strahlen deiner Augen kann den Glanz eines jeden Lebewesens erhöhen. Jede Berührung aus Liebe löst die Schatten, und mehr und mehr Licht darf entstehen. So, mein Kind, wirkst du alleine, ohne jegliches Zutun als Lichtarbeiter, denn nur durch deine Anwesenheit und die Existenz der reinen Liebe kannst du deinen Teil zum Aufstieg der Erde beitragen. Dadurch, dass du dieses nach außen strahlst, kannst du sehr viele Wesen mit auf den Weg nehmen, denn nur durch ein „Ich lebe es vor und gehe diesen Weg in meiner Mitte" wird deutlich, dass dieser Weg des Herzens der einzige sein kann, den ihr mit der Erde gemeinsam gehen könnt.

Und wisse, jederzeit wenn du nach uns rufst, strecken wir dir unsere helfenden Hände entgegen, in vollem Wissen und Anbetracht deiner Größe und deines Wunsches, hier zu sein und die Erde bei diesem Quantensprung zu unterstützen. Wir, die Engel, Erzengel und alle kosmischen Wesen achten diesen deinen Weg aus vollem Herzen, und sei dir gewiss, jederzeit ist es für uns eine Ehre und auch eine Herausforderung, mit dir gemeinsam zu arbeiten, dir zur Seite zu stehen.

Die Größe, das Ausmaß, zu dem ihr euch gemeinsam bereit erklärt habt beim Antritt eures Plans auf der Erde, könnt ihr momentan nicht wahrnehmen. Doch seid gewiss, die Arbeit, die die Lichtarbeiter gerade in den letzten Jahren geleistet haben, birgt Großartiges und hat das Blatt gewendet. Die Erde ist auf einem sehr guten Weg, und mit jedem erwachten Wesen kommt sie ihrem Ziel ein Stück näher. Es sind immer mehr Wesen, die an dieser Entwicklung teilhaben, sich bereit erklären, an dem großen Plan mitzuwirken, und ich versichere euch: Alles ist gut und auf dem rechten Weg.

Und nun nimm wahr, wie ich dir zum Abschied meine Hände reiche und dir tief in deine Augen schaue. Sei sicher, wenn du auf deinem Weg schwankst, meine haltende Hand ist allezeit nur einen Ruf entfernt.

Erzengel Gabriel

Irina und Michelle

Seid gegrüßt, wir sind Irina und Michelle, Seelen-schwestern, Feen der Lüfte. Gemeinsam mit unseren Brüdern, den Devas der Winde, bringen wir Leichtigkeit in euer Sein. Auch wir möchten von ganzem Herzen unseren Beitrag leisten.

Wenn ihr in euch geht, könnt ihr uns jederzeit spüren. Es ist ein leichtes Gefühl, wie eine Luftblase, die sanft auf den Wellen der Lüfte schwebt.

Immer wenn ihr traurig seid oder nicht ganz so frohen Mutes, schickt uns einen Gedanken. Ein kurzer Ruf ist ausreichend, und wir können tätig werden. Wir hauchen euch neuen Lebensmut und auch Heilkraft in euer Sein. Die Zeit des Traurigseins, der ausschließlichen Bewusst-seinsarbeit hat ihr Ende gefunden. Lasst uns gemeinsam tanzen, feiern und aus vollem Herzen schopfen, sodass auf der Erde mehr Lachen Einzug halten kann.

Das gilt vor allem auch für eure Kinder. Die kleinen Menschen können uns am Anfang ihrer Inkarnation sehen. Dann vergessen sie, und wir können nichts tun, sie verlie-ren ihren Blick für uns und damit leider auch ein Stück ihrer Leichtigkeit. Es ist ein so wunderschönes Gefühl, wenn wir eure Babys küssen und sie uns ein Lächeln da-für schenken. Wir möchten euch bitten, eure Kinder offen zu halten, indem ihr ihnen Geschichten über Engel, Feen,

Devas, Meister und alle kosmischen Wesen erzählt. So könnt ihr ihr System offenhalten, und wir können weiterhin wahrgenommen werden und wirken.

Eure Kinder sind so großartige Wesen. Viele von euch können ihre wahre Größe nicht sehen, weil sie in kleinen Körpern stecken. Aber gerade sie kamen, um die Erde mit all ihrer Liebe zu unterstützen. Deshalb nehmt sie bei der Hand und sorgt dafür, dass sie auf einem offenen Pfad bleiben. Ihre alten Kenntnisse sind sehr wichtig für Mutter Erde, und die Großen werden von den Kleinen über dieses Wissen unterrichtet werden.

Und jetzt möchten wir euch bitten, einen kurzen Spaziergang in der Natur zu unternehmen. Wir, Irina und Michelle, werden euch dabei mit unserer Energie begleiten. Mit Hilfe unserer Brüder werden auch die alten negativen Gedanken, vergangene Trauer und Sorge von euch genommen und mit dem Wind von euch fortgeweht.

Und wenn ihr unsere leichte Energie auch zum Energetisieren von Gegenständen oder für Räume benutzen möchtet, lasst vor eurem inneren Auge das nachfolgende Zeichen entstehen und schickt unsere Energie an den Ort, von dem ihr denkt, dass sie vonnöten ist.

Seid gesegnet!
Irina und Michelle

Merlin und Bakkhura

Wir, die wir sind Merlin und Bakkhura, dienen dem siebten Strahl. Es ist ein reiner Strahl, auf dem Glaube, Liebe und Hoffnung wachsen dürfen. Auf seinem Weg entscheiden sich die Wunder eurer Gedanken, ob sie geschehen werden oder nicht. Wir möchten euch heute Kraft für eure Manifestation geben, damit ihr verstärkt an eure eigenen Wunder glauben könnt.

Gerade die Kinder und viele eurer jungen Erwachsenen haben aufgehört, an Wunder zu glauben, ihnen fehlen die Geschichten, die vielen Märchen, sodass ihre Träume keine Leichtigkeit haben.

Damit Fantasie wieder Flügel bekommen kann und eure Gedanken bis zu unserem Strahl aufsteigen können möchten wir euch mitnehmen in unseren Zauberwald. Einen Zauberwald, voll mit Magie und bunten Bildern. Denn seid euch gewiss, die Kraft der Gedanken macht die wahren Wunder aus, ihr müsst es nur zulassen. Aber nun kommt mit auf unsere Reise.

Vor dir stehen zwei große mächtige Eichen, die sich bei deiner Ankunft auseinanderbiegen und dir den Eingang in unseren Zauberwald freigeben. Tritt ein und folge dem Pfad, der rechts und links von uralten Bäumen ge-

schützt wird und dich direkt auf eine Lichtung führt. Gehe den Pfad Schritt für Schritt und begrüße die Lebewesen, die dir auf deinem Weg zur Lichtung begegnen. Verbringe so viel Zeit mit ihnen, wie du möchtest, du kannst dich auch gerne mit Fragen an sie wenden.

Angekommen auf der Lichtung, nimmt dich Bakkhura in Empfang. Sie bittet dich, gemeinsam mit ihr auf der Wiese Platz zu nehmen und die Natur und die Geräusche des Zauberwalds in dein Herz zu atmen.

Während ihr gemeinsam diese wundervolle Energie in eurem Körper wirken lasst, gesellt sich Merlin zu eurer kleinen Gruppe. Er setzt sich zu euch, öffnet seine rechte Hand, und du kannst darauf einen kleinen blauen Schmetterling entdecken. Er pustet sanft in seine Hand, und der Schmetterling beginnt zu fliegen, immer höher und höher, bis er schließlich außer Sichtweite ist. Und Merlin richtet seine Worte an dich:

„Jedes Wunder, jeder Traum beginnt mit einem einzigen Gedanken. Nur allzu oft geht ein solcher auf seiner Reise verloren, und dein Glaube reicht nicht immer aus, um den Wunsch höher steigen zu lassen. Ich möchte dir eins der größten Geheimnisse unseres Zauberwalds anvertrauen, das des blauen Schmetterlings. Er hat die Kraft und die Gabe, deinen Wünschen und Träumen Kraft zu verleihen, du musst nur daran glauben."

Während Merlin mit dir spricht, bemerkst du, dass der kleine blaue Schmetterling wieder auf seinem Rückflug ist und ganz sacht auf Bakkhuras Schulter landet. Voller Liebe streckt sie ihre Hand hoch, und der Schmetterling fliegt von ihrer Handfläche zurück zu Merlin. Merlin pustet noch einmal behutsam auf den Schmetterling, und dieser beginnt wieder zu fliegen, direkt in dein Herz.

Merlin erklärt dir, dass der Schmetterling ein Geschenk ist und er dich von heute an unterstützen wird. Immer, wenn du deine Gedanken mit der Kraft der Magie des Zauberwalds stärken möchtest, lass den blauen Schmetterling aus deinem Herzen in deine rechte Hand fliegen. Übergib ihm deinen Traum, erzähl ihm von deinem Wunder, und er wird geradewegs deinen Gedanken Flügeln verleihen. Je höher der Schmetterling mit deinen Gedanken steigt, desto mehr kann er sich manifestieren und unseren Strahl erreichen.

Du bedankst dich bei Bakkhura und Merlin für dieses zauberhafte Geschenk und verabschiedest dich von Merlin.

Bakkhura läuft mit dir gemeinsam den Pfad zurück zu den beiden alten Eichen. Auch sie verabschiedet sich nun mit einem liebevollen Lächeln von dir und sagt, dass du jederzeit in diesen Zauberwald zurückkehren kannst.

Merlin und Bakkhura

Miranlaya

Einigen von euch bin ich noch nicht bekannt, da ich bis vor kurzem noch meine Erfahrungen machen durfte. Vor einiger Zeit jedoch durfte ich mit meinem Geliebten Metatron, der anderen Hälfte meines Seins, verschmelzen, und nun können wir gemeinsam unseren Beitrag zum Aufstieg der Erde leisten.

Durch unsere lange Zeit der Trennung ist es uns möglich, die Sehnsucht in eurem Herzen nachzuempfinden; ein Teil dieser Sehnsucht allerdings liegt darin begründet, dass ihr versucht, eure Liebe im Außen zu finden. Die Erkenntnis, das Gefühl, dass alles in euch selbst vorhanden ist, lässt euch ein Stück eures Weges weitergehen. Bevor ihr wirklich von reinem Herzen im Außen lieben könnt, müsst ihr euch selbst in genau diesem Maße auch lieben können.

Viele unter euch müssen diese Liebe erst noch entdecken. Darin ist auch Vertrauen begründet, euch selbst gegenüber anzuerkennen, wer ihr wirklich seid. Euch selbst jeden Moment zu lieben, mit der Liebe nicht in der Vergangenheit zu sein und dort mit den Gedanken festzustecken, wer ihr wart oder in Zukunft sein könntet. Ein Mangel auf der einen Seite setzt zu jeder Zeit einen Überfluss auf der anderen Seite voraus.

Und so, wie euer Planet seit einigen Jahren auf dem Weg ist, sich auszugleichen, möchte ich euch heute dabei unterstützen, euer System energetisch auszubalancieren, damit Heilung auf jeder Ebene eures Seins stattfinden kann.

Ich möchte dich bitten, vertrauensvoll deine Hände zu öffnen, deine Handflächen in einer gegenüberliegenden Position zu halten. Ich stehe nun direkt vor dir und lege meine ätherischen Hände auf deine Handaußenflächen. So darf über ein Lichtband zwischen deinen Händen ein Ausgleich deiner männlichen und weiblichen Energien stattfinden. Du wirst diesen Prozess durch ein sanftes Pulsieren in deinen Händen wahrnehmen.

Dieser Vorgang kann ein wenig andauern, lass es geschehen. Wenn du das Gefühl hast, dass die Energie in deinen Händen zur Ruhe kommt, führe sie vor deinem Herzchakra zusammen. Verharre noch eine Weile in dieser Position, denn der vollkommene Ausgleich dieser Energien wirkt nach und ist auch mitunter mit etwas Anstrengung für deinen physischen Körper verbunden. Gönne deinem Körper bitte ausreichend Ruhe.

Wenn ihr es für nötig haltet, könnt ihr mich jederzeit rufen, und ich werde euch erneut beim Ausgleich eures Systems unterstützen. Eine vollkommene Harmonie in eurem Körper ist von großer Wichtigkeit, denn wie Sonne und Mond einzeln auch weiblich und männlich sind, kann sich die wahre Größe ihres Wirkens ausschließlich im Ganzen zeigen. Ihr, meine Wegbegleiter, tragt beides schon vereint in euch, es geht darum, in euch selbst die Balance zu halten. Immer, wenn ihr Hilfe braucht, reicht mir eure Hand – so entsteht zwischen uns ein Band.

In Liebe,
Miranlaya

Erzengel Michael

Wer ihr seid, bestimmt ihr immer alleine. Jeder Tag beginnt mit einem neuen Morgen, und jede Nacht gibt euch die Möglichkeit eines neuen Traums, was bedeutet, dass ihr in jedem Moment euren Plan ändern könnt. Das ist von sehr großer Bedeutung, denn hinter den Worten verbirgt sich die große Wahrheit, dass ihr zu jeder Sekunde eures Lebens alles ändern könnt, und es bedarf nur eurer eigenen Entscheidung; ein einziger Gedanke und der Glaube daran können euch schon eine ganz neue Richtung weisen.

Wir arbeiten vorzugsweise in den Nachtstunden mit euch, wenn euer Geist zur Ruhe kommen darf und ihr mit eurem Bewusstsein die Reise zu euch selbst antretet. Es ist für eure Seele jede Nacht wie ein Heimkommen, wo ihr euch selbst in eurer wahren Größe erfahrt. In diesen Stunden bearbeitet ihr euer eigenes Programm, nur aus einer etwas höheren Sichtweise. Ihr schmiedet neue Pläne und schöpft dafür ausreichend Kraft.

Gerade die geistige Arbeit ist mitunter sehr anstrengend für euren physischen Körper, und je mehr sich euer Leben geistig ausrichtet, desto mehr Ruhepausen wird euer physischer Körper in der jetzigen Übergangsphase brauchen. Eine kurze Atempause reicht manchmal schon aus, ein inneres Zur-Ruhe-Kommen, damit wir euch unterstützen können und neue Energie in euren Körper fließen darf. Hierzu stellt euch vor, wie durch einen Lichtkanal göttliche Energie in euer Kronenchakra einströmt und euren ganzen Körper durchflutet. Es ist wie ein Auftanken für eure Seele, und ihr stärkt in wenigen Augenblicken schon euren Körper und erfrischt euren Geist. Führt diese Übung immer mal wieder kurz durch, wenn ihr das Gefühl habt, an Kraft zu verlieren.

Wenn ihr in eurer Mitte seid, wenn ihr über ausreichend Kraft verfügt, benötigt ihr keinen energetischen Schutz, denn euer Körper ist mittlerweile so stark und lichtvoll ausgebildet, dass negative Schwingungen einfach abprallen. Darum geht es, wenn ihr in eurer Mitte seid. Gerade die Lichtbringer, eure weisen Seelen, die mit göttlicher Magie arbeiten, bedürfen nicht mehr unbedingt unseres Schutzes. Ihre Aura ist auch jetzt schon so stark ausgebildet, dass negative Verstrickungen nicht mehr in ihren Körper eingreifen können. Wenn ihr jedoch das Gefühl habt, unsere schützende Hilfe zu benötigen, so ruft uns herbei. Ich und meinesgleichen dienen dem blauen Strahl und hüllen euch sofort in ein schützendes Licht, damit jedwede Angst von euch geht.

Es geht gerade in der Übergangszeit darum, eure Ängste ganz loszulassen, anzuerkennen, dass Vergangenes geschehen durfte und auch sollte, jetzt aber die Zeit voranschreiten wird und Frieden Einzug halten kann. Gerade diese Zeit steht unter unserem besonderen Schutz. Jedoch nicht mehr so, wie einige von euch uns noch sehen: mit einem zur Erde gerichteten Schwert. Das neue Bewusstsein ist ausschließlich von Frieden und Liebe geprägt. Diesen Frieden bewahren wir mit einem Schwert, das eher einem Lichtstrahl gleicht und von Blumen umgeben ist. Dieser Schutz ist ausreichend, denn wisset: Wo Liebe ist, muss Schatten weichen.

Und so, meine geliebten Schwestern und Brüder, schicke ich euch meine Liebe und meinen Schutz, damit Frieden in jeder Ebene eures Seins wachsen darf, in vollem Bewusstsein dessen, dass alles so sein wird, wie es geschehen soll.

Mit all meiner Liebe segne und schütze ich euch in eurem Leben so, wie ihr wart, seid, und immer sein werdet.

Michael

Maja

Wir sind die Lichter des Regenbogens, versammelt in einer Zelle, um vereint zu euch zu sprechen. Wir, die wir so viele sind, haben uns versammelt, um euch etwas über die Farben zu erzählen, die auch schon jetzt auf der Erde eine bedeutende Rolle spielen; Farben die sich in eurer jetzigen Zeit ändern, die sehr an Bedeutung für euch gewinnen und deren Anmut und Zartheit euer Herz berühren werden. Ihr werdet sie einsetzen zur Heilung, Regenerierung und auch für Wachstum, zum Beispiel für das eurer Pflanzen.

Auch wird es guttun, eure Tiere mit diesen Farben zu versorgen, denn deren Erfahrungen dürfen nach und nach ebenso heilen wie die der menschlichen Seelen. Dabei möchten wir euch auf die heilsamen Wirkungen einzelner Farbstrahlen aufmerksam machen, die ihr allezeit in jedem Bereich und für jedes Lebewesen anwenden könnt.

Für die Anwendung der Farbstrahlen stellt euch einfach einen Lichtstrahl in der von euch erwählten Farbe vor, der direkt aus eurem Herzchakra zu wachsen beginnt. Lasst diesen immer weiter wachsen und hüllt mit diesem Strahl ein, was geheilt werden soll. Ganz leicht, und doch voller Wirkung für den Anbeginn einer Neuen Zeit.

Benutzt ein **helles Grün** für Heilungen auf körperlicher Ebene. Wenn ein Teil eures Körpers schwach ist, verwendet immer diese Farbe. Es ist eine sehr durchscheinende Farbe, vermischt mit weißen Lichtpunkten.

Rot erdet euch in eurer Gesamtheit. Gerade nach geistiger Arbeit hüllt euch in dieses Rot ein, das „Nach-Hause-Kommen" wird so einfacher. Auch die Sehnsucht lässt nach, und ihr fühlt euch in eurem physischen Körper wieder wohl und könnt euch besser annehmen.

In **Orange** steckt die Kraft eurer Sonne. Hüllt damit ein, was noch zu sehr im Dual lebt. Orange wirkt ausgleichend auf jeder Ebene eures Seins. Männlich – Weiblich, Oben – Unten, die Farbkraft wird euch dabei unterstützen, in eure Mitte zu kommen und auch dort zu bleiben. Denn nur die vollkommene Harmonie der Anteile bringt euch in den so herbeigesehnten absoluten Frieden mit euch selbst.

Wie eure Sonnenblumen verhilft **helles Gelb** zur Leichtigkeit. Alles „Nach-oben-Streben" wird durch helles Gelb unterstützt. Alles, was geistig und nach oben wachsen darf, hülle in diese Farbe ein. Es unterstützt auch dabei, sich zu konzentrieren. Gerade eure Kinder können so besser auf das Wesentliche achten. Sie werden aufmerksamer und wacher. In einem solchen Zustand sind sie um ein Vielfaches aufnahmefähiger für eure Lernstudien. Hüllt sie ein in dieses sanfte, gelbe Licht, und ihr werdet feststellen, wie schnell sie Fortschritte machen. Auch die Lernplätze könnt ihr in diese Farbe eintauchen.

Ein **helles Blau** unterstützt den gesegneten Fluss in allem, was in Bewegung sein darf. Wir möchten euch bitten, gerade eure Flüsse in dieses Blau zu tauchen, denn so können die negativen Schwingungen zur Ruhe kommen und auch Tiere, die im Wasser leben, Mineralien und Pflanzen werden davon profitieren. Es geht darum, dass alles, was im Fluss ist, ab und zu ein gewisses Maß an beruhigender Energie braucht, um Kraft aufzutanken. Blau wirkt unterstützend und beruhigend, es bringt alles in die richtige Schwingung, in den richtigen Fluss, in Balance.

In Dankbarkeit und Demut bringt euch **helles Rosa** absoluten Frieden. Hüllt alles ein, wo Mangel an Liebe und Frieden herrscht. Der rosa Strahl birgt in sich eine so tiefe Liebe, dass wir in eurer Sprache keine Worte finden können, um der Bedeutung gerecht zu werden.

Violett wird euch bei jeglicher Bewusstseinsarbeit unterstützen. Lasst diesen Farbstrahl aus eurem Herzchakra wachsen und hüllt euch selbst ganz damit ein, zum Beispiel, wenn ihr in die Meditation geht. Dieses helle Violett dient dazu, euch die geistige Arbeit einfacher zu machen, auch bekommt ihr so einen schnelleren und klareren Zugang zu den himmlischen Ebenen.

Meine Schwestern und Brüder, das waren die Farben des Regenbogens, mit denen ihr vorrangig arbeiten könnt. Im Laufe der nächsten Monate und auch Erdenjahre werden noch einige Farben hinzukommen, mit denen ihr noch größere Möglichkeiten bekommt. Sie werden noch feiner und strahlender sein, sind jedoch zum jetzigen Zeitpunkt auf der Erde noch nicht sichtbar. Einige wenige unter euch können diese Farben schon in Ansätzen wahrnehmen und somit erahnen, was in den nächsten Jahren Großartiges geschehen darf.

Wir, meine Wegbegleiter, segnen schon heute eure Arbeit mit den Lichtstrahlen des Regenbogens.

Wir sind viele, und wir nennen uns
Maja, die Essenz des Regenbogens

Lady Nada

Ich, Lady Nada, Dualseele von Sananda, die ihr mich auch als Göttin der Lebensfreude kennt, bitte euch auf die Worte meines Herzen zu hören:

Wenn Liebe ungehindert fließen kann, entsteht in jedem eurer Körper Frieden. Blockaden lösen sich wie von selbst, ohne jedes Zutun euerseits. Eine solche Kraft findet ihr nur in der wirklich absolut freien Liebe, und diese bedingungslose Liebe möchte ich euch anhand des Bildes einer Rose verinnerlichen.

Tief in ihrem Inneren, im Kern, trägt die Rose all ihre Liebe und Weisheit. Jedes einzelne Rosenblatt steht für Erfahrungen, die alle aus dem Kern hervorgingen. So stellen sie für eure Augen zwar einzelne Blütenblätter dar, doch verfügt jedes Blatt über alle Informationen aus der Knospe, denn ohne dieses Bewusstsein wäre Wachstum nicht möglich. Dieses Schema, meine Freunde, ist auf jedes eurer Systeme anwendbar. Wenn es gelingt, dass immer mehr Seelen die Großartigkeit dieses Einheitsbewusstseins verinnerlichen, kann auf eurem Planeten der Fluss dieser bedingungslosen Liebe um ein Vielfaches stärker werden.

Nehmt die Kinder. Jede einzelne Seele trägt bei ihrer Ankunft auf der Erde diese bedingungslose Liebe im Herzen. Was würde geschehen, wenn ihr die Kinder unterrichtet und ihnen vorlebt, sich bei den Händen zu nehmen, in dem wachsenden Bewusstsein, nur gemeinsam das Potenzial eines Ganzen ausdrücken und auch leben zu können. So viele tief sitzende angeeignete Ängste müssten erst gar nicht entstehen oder dürften sich durch die potenzierte Kraft der Liebe einfach auflösen.

Oder übertragt das Bild der Rose auf euch selbst. Jedes Rosenblatt birgt in sich einen nächsten Schritt, eine weitere Erfahrung, um das Wissen und die Weisheit dieses Seelenabschnittes dann im Zentrum zu vereinen.

Das Symbol der Rose ist sehr einfach zu verstehen und auch weiterzugeben. Deshalb habe ich die Rose als energetischen Träger ausgewählt, um meine Liebe zur Frequentierung der Erde zu übermitteln. Diese Rose der Liebe möchte ich euch heute überbringen.

Schließt hierfür für einen kurzen Moment die Augen und bringt euren Körper durch bewusstes Atmen in einen für euch angenehmen Ruhezustand. Wenn ihr so weit seid, könnt ihr wahrnehmen, wie ich euch eine einzige wunderschöne rosafarbene Rose in euer Herzzentrum setze.

All meine Liebe für euch, für euren gesamten Planeten, birgt sich in dieser einen Rose. Ich möchte euch bitten, diese Rose in die Welt zu bringen. Genau diese eine Rose wartet darauf, dass ihr sie weitergebt und sie sich so vermehren darf. Nehmt hierzu gedanklich ein Abbild eurer

Rose in die rechte Hand und pustet sie mit eurem Atem in das Herzzentrum der Seele, die das Geschenk von euch erhalten soll. Wir werden euch bei dieser Lichtarbeit allezeit unterstützen und hauchen unsere Liebe in jede neu wachsende Rose.

Wir segnen euch in eurem ganzen Sein und wissen schon heute, dass ihr euren Weg gehen werdet, gebettet auf einem Pfad, der einem Meer aus Rosen gleichen wird.

Lady Nada

Serapis Bey

Liebe, meine Freunde, kann so einfach sein. Durch die Bedingungen, die ihr an Gefühle stellt, stellt ihr gleichermaßen immer Anforderungen an euer eigenes Sein. So entsteht die Bedingung zur und an die Liebe, Bedürfnisse, überhaupt geliebt zu werden. Wenn ihr den Geschehnissen freieren Lauf gewähren würdet, ohne alles erst gedanklich zu zerpflücken, könnte das Rad des Schicksals einfacher im Fluss bleiben. Durch euer stetes Ausbessern, ausgelöst durch eine tief sitzende Angst, immer noch nicht das Anrecht auf Liebe erlangt zu haben, legt ihr euch mitunter selbst Steine in den Weg.

Wir versuchen zwar, diese Steine so gut es geht aus dem Weg zu räumen, doch gelingt uns das nicht immer. Ganzheitlich dürfen wir nur eingreifen, wenn es eurem absolut freien Willen entspricht und auch dem Plan eurer Seele gerecht wird. Viele unter euch wissen in dieser nicht ganz einfachen Zeit nicht mehr so richtig, was sie glauben sollen und wohin ihr Glaube sie führen wird. Das ist ein Mangel an Vertrauen, vor allem auch euch selbst gegenüber, Vertrauen, das nun wachsen darf. Es sind noch einige kleine Prüfungen zu bestehen, einige lehrreiche Erfahrungen zu machen, bevor das neue Zeitalter für euch Einzug halten darf.

Aber vergesst nicht, ihr habt um diese Prüfungen gebeten, sie wurden euch nicht von uns auferlegt. Ein großer

Teil von euch ist wohl zum letzten Mal auf der Erde, es ging und geht darum, in einer abschließenden Erfahrung die Erde in ihrem Quantensprung zu unterstützen und dabei das irdische Leben in seiner ganzen Vielfalt zu meistern. Nur durch die Vielfalt dieser ganzen Erfahrungen, ja, auch durch die selbst erlebte Erfahrung an Leid ist es möglich, anderen Seelen bei ihrer Entwicklung zur Seite zu stehen.

Alles, was ihr schon erfahren habt und auch die Erfahrungen, die ihr noch sammelt, lassen euch in eurem Verständnis gegenüber anderen wachsen. Liebevolles Verständnis im Sinne von „Du wirst deinen Weg schon gehen", eben bedingungslos lieben, ohne angepasste Anforderungen, jeder Seele das Recht zugestehen, dass sie ihre eigenen Erfahrungen machen darf. So sehen wir heute eure Erfahrungsschritte, manchmal mit einem liebevollen Lächeln, aber immer an eurer Seite, um euch beizustehen, wenn die Not zu groß wird.

Um euch bei euren nächsten Erfahrungen hilfreich zur Seite zu stehen, euch die benötigte Kraft zu geben, euch unterstützen zu können und auch zu dürfen, möchte ich euch einen Weg zeigen, mich zu rufen. Auf diesen Ruf hin, mein Bruder, meine Schwester, werde ich, um dich in deiner Ganzheit zu unterstützen, gemeinsam mit dir den Ton deiner Seele singen.

*„Serapis Bay, ich bitte dich aus ganzem Herzen,
mir in der jetzigen Situation beiseite zu stehen.
Mögen der Plan meiner Seele und
mein Herzenswunsch
im Einklang meiner Erfahrung sein.
So sei es.“*

Lady Rowena

Wenngleich ihr oftmals meint, alles hätte seine Richtigkeit, findet doch noch allzu oft ein Spiel eures Egos statt. Eben dieses gilt es im Laufe der nächsten Jahre abzulegen, um so frei zu sein für ein unabhängiges Miteinander, damit sich jede Seele so entfalten kann, wie es ihrem Plan entspricht. Hierzu möchte ich euch heute mitnehmen in unseren Garten, in dem auch Metatron und Miranlaya wirken, ein Garten voll mit Blumen, Tieren und, vor allem, mit ausschließlich friedvollen Gedanken. Denn gerade das ist es, was unseren Garten so besonders für euch werden lässt.

Auf der Erde schwingen in fast allem, was ist, noch negative Gedankenmuster mit, die ihr bewusst oder auch unbewusst in eure Systeme aufnehmt. So ist das Leben in der Dualität, und momentan ist das die richtige Erfahrensform, denn einige müssen noch erkennen, dass der Stern am Himmel nur durch die dunkle Nacht dahinter sichtbar wird. Nach dieser Erkenntnis darf sich das Dual in Frieden auflösen, und die Seelen auf der Erde können ab dann freudvolle Erfahrungen machen, ohne vorher das Dual in Form von Leid erfahren zu haben.

Liebe ohne Mangel ist eine Gnade, die der neuen Erde zuteil kommen wird. Alles, was lebt, wird sich fortan so entwickeln, wie es dem ausschließlichen Plan entspricht. Ihr, meine Lieben, dürft diese Übergangszeit miterleben und dieses Zeitalter des absoluten Friedens erfahren. Um euch hierauf einen Ausblick zu ermöglichen und euch für die nächsten noch dualen Jahre zu kräftigen, möchte ich euch in unseren Garten mitnehmen, den wir gemeinsam für die Übergangszeit erschaffen haben.

Nun stell dir vor, wie ich dich an deine linke Hand nehme und wir gemeinsam einen langen Weg, umgeben von hohen, mächtigen Steinen entlanglaufen. Die Steine nehmen auf diesem Weg alle negativen Schwingungen von dir; alles, was sich im Laufe deiner Leben auf deine Schultern gesetzt hat, darf jetzt von dir genommen werden. Du hast dies lange genug getragen, und die Steine dürfen dir diese Last jetzt abnehmen.

Gerne kannst du auch deine rechte Hand auf einen der Steine legen. Dann wird sich dieser bewegen, dir so eine Tür zu der jeweiligen negativen Erfahrung öffnen, und sie dann auflösen. Aber entscheide du, denn manchmal ist es vonnöten, noch einmal hinzuschauen, anzuerkennen, was war, bevor absoluter Frieden geschlossen werden kann. Aber die Steine dürfen und, vor allem, können auch wirken, ohne dass du dir die passenden Bilder hinter den Steinen anschaust. Verbringe so viel Zeit in dieser Steinallee, wie du benötigst; ich warte geduldig und halte zur Unterstützung weiter deine Hand.

Wenn du dich von allen negativen Strukturen verab-
schiedet und sie an die Steine übergeben hast, sind wir
auch schon am Ende des Weges angelangt. Hier, ganz
verborgen in einem Kreis von neun uralten Bäumen, liegt
ein kleines Schloss, dessen Türen sich bei unserer An-
kunft sofort für dich öffnen. Ich bitte dich nun, alleine durch
das Schloss zu laufen, ich werde am anderen Ausgang,
am Eingang in den Schlossgarten, auf dich warten.

Erwartungsvoll und aufnahmebereit betrittst du die
Schlosshalle, an deren Wänden für dich wichtige Bilder
und Symbole zu sehen sind. Du läufst an diesen Bildern
völlig wertungsfrei vorbei und schaust sie dir einfach an.
Dein Unterbewusstsein speichert die Bilder und Farben,
und bei Bedarf wird deine Seele sie jederzeit abrufen kön-
nen. Sie werden dich unterstützen bei dem ein oder an-
deren Entwicklungsschritt. Es sind Bilder, die du zu einer
früheren Zeit als Unterstützung und zur Erinnerung für
deinen Seelenplan entworfen hast. Wenn du alle Bilder
ausreichend betrachtet hast, komm langsam zu mir in den
Eingang zum Garten.

Ich nehme dich wieder an die Hand, und wir setzen uns
gemeinsam auf die Wiese. Mit einem Blick in deine Augen
begrüße ich dich in unserem nondualen Sein. Dieser Gar-
ten, der ohne jegliche Schwingung ist, ist für deine Seele
ein Erholungsort sondergleichen. Wir, die wir uns bereit er-
klärt haben, die Erde bei ihrem Entwicklungsschritt in die
nächste Dimension zu unterstützen, verbringen hier sehr

viel Zeit. Wir bereiten in diesem Garten energetisch alles so vor, dass eure Seelen sich hier eine Auszeit nehmen können. Nur bedingungslos sein, Glückseligkeit empfinden und reine Energie tanken. Gerne könnt ihr auch eure Kinder und Tiere mit hierher bringen, für sie wird hier gleichermaßen gesorgt. Auch haben wir die Möglichkeit, euch in diesem Garten mit unserer allumfassenden Liebe einzuhüllen und euch Träume vom Beginn einer großartigen Zeit zu schenken.

Bitte beachte: Immer wenn du den Garten verlässt, gehe nicht den gleichen Weg zurück, denn Vergangenes darf nun vergangen sein. Und so verlasse den Garten durch ein goldfarbenes, schmiedeeisernes Tor, das Tor zu deiner Gegenwart. Und je stärker du in der Gegenwart präsent bist, losgelöst von alten Strukturen, desto näher werden wir uns sein, und auf einer Welle absoluter Liebe werden wir mit dir gemeinsam Hand in Hand in diese Neue Zeit der Erde gleiten.

Dies waren und sind in ewiger Liebe verbunden mit deinem Sein

Rowena, Metatron und Miranlaya

Shilo vom Planeten Orion

Wenn die Liebe euren Planeten regiert und kein Raum mehr für Machtspiele vorhanden ist, könnt ihr euch an den Händen nehmen und gemeinsam den Tanz eurer Seelen tanzen. Es wird wie der Ausbruch eines Vulkans sein, ein Freudentanz der Seele, gleich einer Verschmelzung von Dualseelen. Der Blitz des Karon wird für alle Ewigkeiten keine Trennung mehr auf der Erde hervorrufen, das Dunkel muss weichen, und ausschließlich Liebe wird vorherrschen. Dann werdet ihr auf der Erde das Jahr 2012 feiern, den Anbeginn der Zeit, auf den so viele eurer Seelen warten. Die Sehnsucht, so zu leben, wie ihr es in anderen Reichen eures Seins schon erfahren durftet, ist bei machen von euch so groß, dass sie stets im Mangel leben. Um diese Sehnsucht auszugleichen, versuchen sie, ihre Balance durch Äußerlichkeiten wieder herzustellen.

Habt Vertrauen, eure Körper, eure Erscheinung wie auch alle eure materiellen Güter sind so beschaffen, wie es euer Plan vorsah, damit ihr die bestmögliche Erfahrung machen könnt. Ohne den Glauben daran, dass alles genauso ist, wie es sein soll, dreht ihr euch unweigerlich in einer Spirale negativer Erfahrungen, deren Ausgang sich nur in der Anerkenntnis eures eigenen Seins öffnen wird.

Die Zeit ist reif, aufzuwachen, die Augen zu öffnen für den Zauber der Erde; erkennt die Kostbarkeit und die Anmut eines jeden einzelnen Lebewesens an, und ihr werdet auch eure eigene Schönheit wiederentdecken. Das ist ein Prozess, auf den ihr euch langsam, Stück für Stück, einlassen solltet. Um euch fortwährend bei diesem Vorgang zu unterstützen, möchte ich, Shilo vom Planeten Orion, euch bei der Entdeckung eurer wahren Schönheit unterstützen.

Ich bitte dich, zünde eine weiße und eine rote Kerze an. Die weiße Kerze stelle an die linke Seite eines Spiegels, die rote Kerze auf die rechte Seite. Nun setze dich vor diesen Spiegel und schau, langsam zur Ruhe kommend, dein Ebenbild an. Ganz ruhig, ganz friedlich. Du selbst bist es, der/die diese Anmut und Schönheit ausstrahlt, es ist dein eigenes Spiegelbild, losgelöst von jeglicher negativen Transzendenz.

Nun versuche, mit deinem inneren Auge wahrzunehmen, wie sich ein weißer Schleier von oben herab über dein Spiegelbild legt. Auch wenn du nicht deinen ganzen Körper im Spiegel erblicken kannst, nimm gedanklich wahr, wie sich dieser weiß schimmernde Schleier über deinen ganzen Körper legt. Es ist ein energetischer Schutz, der dich zu deiner wahren Schönheit finden lässt. Er wird dich isolieren von negativen gedanklichen Angriffen, die dich davon abhalten, dich in deiner wahren Schönheit zu erkennen. Dieser Energieschild lässt sich zu jeder Zeit durch deine Gedanken wieder aktivieren.

Und jetzt bitte ich dich, deine Hände in Richtung des Spiegels auszustrecken und mit deinem geistigen Auge zu erfassen, wie ich dir langsam goldenen Sternenstaub in deine Handinnenflächen rieseln lasse. Es ist der Sternenstaub meines Planeten Orion, und er trägt die gespeicherte Information von absolut reiner Liebe, die du ab diesem Augenblick für dich selbst und alle deine Anteile fühlen darfst und auch kannst. Ich, Shilo, löse mit dem Sternenstaub die Dunkelheit auf, die du für dich in deinen Körpern manifestiert hast, und nehme unausweichlich die Schatten von deiner Seele.

Und solltest du Hilfe brauchen, so bediene dich gedanklich einfach des goldenen Sternenstaubs meines Planeten. Auch ein Ruf von dir ist ausreichend, und ich bin schneller bei dir, als deine Gedanken an Form gewinnen können.

Mit all meiner Liebe für dich und die Erde,
Shilo

Sanat Kumara

Ich, Sanat Kumara, gehöre dem Kreis derjenigen an, die hier zu euch sprechen möchten, und ich werde euch eine Möglichkeit aufzeigen, euch in eurer Gesamtheit zu erfahren, um so auch euren Körper den hohen Schwingungen dieser Jahre anzupassen. Ich bitte euch meine Freunde, versteht meine Worte in Liebe, und ändert die Geschehnisse niemals unter Zwang oder Druck, sondern es sollte euer eigener Wunsch sein, dem Plan eurer Seele gerecht zu werden und die Ziele, die ihr euch selbst gewählt habt, zu erfüllen, auch um die Erde auf ihren anstehenden Wechsel vorzubereiten. Ich erinnere euch nur an euer Vorhaben, für das ihr euch in Erinnerung eurer Gesamtheit entschieden habt, an dessen Ausmaß ihr euch mitunter nur nicht erinnern könnt.

Um euch in eurer Vollständigkeit zu erfahren und weil die Erde die Unterstützung aller Lichtarbeiter benötigt, möchte ich heute mit euch einen Ausflug auf der Zeitachse der Entfaltung eurer Seele machen. Es ist wie eine Reise zu euch selbst, um euren eigenen Zeitstrahl und Plan zu erfahren, Vorhaben zur Unterstützung von Gaia. Auf dieser Reise werdet ihr in Erfahrung bringen, was genau eure Ziele sind, wer euch hierbei begleitet und welchen Beitrag ihr euch selbst erwählt habt.

Einige unter euch sind ein wenig von ihrer Route abgekommen und haben sich neue gute Wege gesucht. Auch das ist in Ordnung. Dennoch möchte ich euch heute zu eurem Ursprungsplan führen, den ihr in Anerkenntnis eurer eigenen göttlichen Wahrheit vorgezeichnet habt. Hierfür segne ich euch schon jetzt.

☆☆

Fühle, wie ich meine Hand auf deinen Kopf lege. All die Energie, die du für unsere Reise brauchst, fließt nun durch mich in deinen Körper hinein.

Nun nehme ich dich bei der Hand, und leicht wie eine Feder erhebt sich dein Körper, um mit mir gemeinsam höher und höher auf dem Zeitstrahl zu reisen. Wenn du möchtest, können wir jederzeit eine kleine Pause machen und zwischendurch zur Ruhe kommen. Wenn du wieder Kraft gesammelt hast, setzen wir unsere Reise fort und steigen gemeinsam weiter auf. Diese Reise – auch wenn sie nur mithilfe deiner Gedanken stattfindet – ist sehr anstrengend für deine oberen Körper. Sie reisen heute mit in die Astralwelt, deshalb lass ihnen Zeit, sich an die hohen Schwingungen zu gewöhnen und bringe deinen physischen Körper durch bewusstes und intensives Atmen immer wieder zur Ruhe.

Je heller und lichter es auf dem Zeitstrahl wird, desto näher kommen wir beide an dein Ziel. Von einer ganz feinen, weiß-schimmernden Energie umgeben, wie auf Wolken gebettet, endet der Zeitstrahl, und wir sind nun am Anbeginn, losgelöst von allen Einschränkungen deiner Gedanken, frei von jeglicher Wertung und Zeit. Es ist wie eine Landschaft, gebaut aus Wolken und winzigen, silbrig schimmernden Fragmenten.

Wir setzen uns nieder und lassen die Heiligkeit dieser Atmosphäre auf uns wirken. Mein Kind, wenn dich dieses heilige Gefühl zum Weinen bringt, so lass deinen Tränen freien Lauf. Sie befreien dich von deiner Sehnsucht, die ganz tief verborgen in deiner Seele schlummert; es ist wie ein Heimkommen nach einer langen Expedition, und so darf sich all das gestaute Heimweh in Form von Tränen lösen. Ich halte dabei deine Hand, und, mein Kind, ich verspreche dir schon heute, dass mit Anbeginn der neuen Ära der Erde kein Platz mehr für Sehnsucht sein wird. Die Energiequalität wird sich so verbessert und verstärkt haben, dass du endlos nach Hause reisen kannst; das Gefühl von Getrenntsein wird mit dem Ausklang der Dualität aufgehoben sein.

Doch nun komm wieder zur Ruhe und lass dich auf die nun folgenden Geschehnisse ein. Hab Vertrauen, dass alles so, wie es ist, richtig ist, hab Vertrauen in deinen eigenen Plan.

Und jetzt spüre, wie sich zwei Hände von hinten auf deine Schultern legen. Du nimmst die Energie wahr, die durch diese Hände in deinen Körper fließt, und spürst eine so unsagbare Liebe, dass du dich umdrehst und direkt in die Augen deines Seelenpartners/deiner Seelenpartnerin schaust. Du ergreifst seine/ihre Hände, und ihr schaut euch lange und intensiv in die Augen. Bitte lass auch hier all deinen aufkommenden Empfindungen freien Lauf. Mitunter sind es Tränen der Freude, Tränen, die Frieden bringen, und die Gewissheit, dass die Suche nach einem Teil von dir nun ein Ende hat. Und du spürst absoluten Frieden. Genieße dieses Gefühl so lange, wie du möchtest, es hat für dich sehr lange gedauert, bis du diesen Moment erleben durftest.

Wenn du so weit bist, bemerkst du, wie sich nacheinander fünf weitere Seelen zu euch gesellen. Es sind weitere Teile von dir, Seelen, mit denen du seit langer Zeit verbunden bist und mit denen du gemeinsam deinen jetzigen Plan ausführen wolltest. Ihr nehmt euch an die Hände, und gemeinsam bildet ihr einen Kreis aus sieben Sternenkindern. Sieben Sternenkinder, die auf ihrer Reise endlich wieder zusammengefunden haben. Du spürst ein solches Gefühl der Liebe, dass du zum ersten Mal in deinem physischen Körper fühlen kannst, was wir meinen, wenn wir von Glückseligkeit sprechen. Das ist die Erfahrung der Gesamtheit aller deiner Seelenanteile.

Dann, mein Kind, wirst du deinen Plan erkennen, deinen Plan in dieser Skizze, den du einst gemeinsam mit deinem Dual für dein/euer Erdendasein entworfen hast. Eine Kette von Ablaufplänen, die ihr zusammen auserkoren, und deren Wege ihr nun gemeinsam ergründen und in

die richtigen Bahnen lenken werdet. Auf viele deiner Fra-
gen kannst du nun in Anbetracht deiner Gesamtheit Ant-
worten finden. Im Kollektiv entschlüsselt ihr euren Seelen-
plan und die Skizze eurer Liebe, um diese auf die Erde zu
bringen. Lass dir alle Zeit dafür, die du brauchst. Ich bleibe
die gesamte Zeit an deiner Seite und schütze diese Erfah-
rung mit meinem Segen.

Wenn du so weit bist, verabschiede dich für heute von
deinen Seelenanteilen, in vollem Bewusstsein dessen,
dass ihr niemals und zu keinem Zeitpunkt wirklich getrennt
wart. Euer Netz, das aus reiner Liebe gesponnen wurde,
wird so sehr durch uns geschützt, dass ihr keineswegs die
Erfahrung von Trennung mehr machen könnt. Ab heute
hast du die Sicherheit, das Gefühl von absoluter Liebe und
das Bewusstsein, dass deine Seelenfamilie allezeit mit dir
und bei dir ist.

Zur Rückreise durch den Zeitstrahl ergreife meine
Hand, und gemeinsam kehren wir wieder an deinen Aus-
gangspunkt zurück, um eine Erfahrung reicher, die deinem
Sein eine Leichtigkeit einhaucht und dich deinen/euren
Plan in Liebe erkennen lässt. Und wenn du Unterstützung
brauchst, erinnere dich an den Kreis der Sieben, ein Kreis,
der die Kraft hat, alles von dir zu nehmen, und gleichzeitig
bereit und entschlossen ist, alles durch dich zu geben.

In absoluter Liebe lege ich dir zum Abschied meine
Hand auf dein Herz und schicke dir so all die Liebe und

Kraft, die dich, verbunden mit der Gesamtheit deiner See-
le, zu einem Lichtfunken für die Erde macht.

Sanat Kumara

Maria, Sanat Kumara, Miranlaya, Lady Rowena, Sananda, Kuthumi, El Morya

Ich, Maria, grüße euch im Namen aller, die wir uns heute versammelt haben, um zu euch zu sprechen. Mithilfe unserer vereinten Liebe und Kraft möchten wir eure Energiewirbel ausgleichen, sodass euer Körper vorbereitet und energetisch angehoben ist für die nachfolgenden Durchgaben.

Wir möchten euch bitten, diese Arbeit mit uns gemeinsam am 7. Tag eines Monats zu vollziehen, da dies ein Tag in euren Abläufen ist, an dem wir leichter gemeinsam auf der Erde wirken können. Auch bitten wir euch, in Vorbereitung für dieses Geschehen ausschließlich Wasser und natürliche Nahrung zu euch zu nehmen („natürliche Nahrung" im Sinne von allem, was auf natürlichem Weg durch Mutter Erde produziert wird). So könnt ihr unsere Arbeit unterstützen und auch erleichtern, da euer Körper dann lichter ist und die Energie einfacher aufnehmen kann.

Ich bitte euch aus ganzem Herzen, uns euer Vertrauen zu schenken für diese Arbeit, euch dafür zu öffnen und offen zu sein für einen vollkommenen Ausgleich eurer Körper.

Mache es dir bequem, sodass du dich rundum wohlfühlst und dich ganz entspannen kannst. Genieße dieses Ruhen deines Körpers und beobachte, wie dein Geist immer gelassener und die Gedanken nach und nach stiller werden.

In einem Gefühl der absolut friedlichen Stille senden wir dir aus der Ferne einen Ton in diese Geräuschlosigkeit. Du versuchst, diesen Ton zu spüren und wahrzunehmen und bringst ihn durch dein eigenes Summen in dein Energiefeld. Es ist ein Laut, mit dem deine Seele all ihr Wissen zum Ausdruck bringen und weitergeben kann. Wir, Sanat Kumara, Miranlaya, Lady Rowena, Sananda, Kuthumi, El Morya und ich summen diesen Ton nun gemeinsam mit dir.

Du kannst spüren, wie dieser Klang alle deine Zellen durchdringt und so an die einstige Urzelle erinnert. Alles ist Leben, alles ist Energie, und deine Urzelle trägt die Essenz reiner Liebe in sich, geprägt durch alle deine Erfahrungen, jedoch ausschließlich positiv und im gespeicherten Bewusstsein deiner unbeschreiblichen Großartigkeit. So darf sich dein ganzer Körper durch die Erinnerung deiner Urzelle neu programmieren, und alles Überflüssige und Verbrauchte bekommt neue, frische Impulse. Alles findet seinen richtigen Platz, seine exakte Stärke, und auch die letzten festgefahrenen, negativ gespeisten Zellen werden sich liebevoll verabschieden, oder aber die Schwingung deiner Urzelle aufnehmen.

Während wir deinen Seelenton immer weitersummen, werden auch alle Erinnerungen, die auf diesem Klang- strahl gespeichert sind, für dich freigegeben. Endloses Wissen liegt hier sicher verborgen, bewacht durch deinen eigenen Wunsch des Schutzes, bis zu dem Zeitpunkt, an dem dein menschlicher Geist so weit entwickelt ist, mit diesem Erfahrungsschatz umzugehen. Unser gemein- sames Singen deines Seelentons ist der Schlüssel hierfür, und die Erinnerung an dein Wissen auch aus alten, ver- gangenen Zeiten wird Schritt für Schritt in dein Gedächtnis zurückfinden. Zuerst ganz leise, so, als ob dir der Wind deine Wahrheiten zuweht; und je mehr die Erkenntnisse Raum in dir nehmen, je besser du deinen Klang verstehen kannst, desto stärker dürfen auch dieses Wissen und die Entdeckung deiner Fähigkeiten ihren Platz und Anwen- dung in deinem Leben finden.

Wir unterstützen und fördern dich bei der Entdeckung, dem Umgang und der Arbeit mit deinem Seelenton und natürlich bei allem, wo du uns durch einen Ruf signali- sierst, dass du unserer Hilfe bedarfst.

Ab heute kannst du deinen Seelenton auch ganz al- leine, nur für dich anstimmen. Er hebt alle deine Körper energetisch sofort an und bringt absoluten Gleichklang in dein gesamtes System. Je öfter du deinen Ton anstimmst, desto intensiver und ausdrucksvoller wird das Lied dei- ner Seele. Wenn die Klangfarbe deines Seelentons sich völlig entfaltet hat, wird dir dieser zum richtigen Zeitpunkt die Öffnung deiner Kanäle ermöglichen. *Jedoch, mein Freund, meine Freundin, alles braucht seine Zeit, und das ist erst der Anfang. Der Anfang, den reinen Kontakt herzustellen mit dem Geist deiner Seele, dem allumfassenden Kern von dir selbst, in dem alles Wissen, jede Erfahrung bewahrt wird. Hab Vertrauen und auch ein wenig Geduld, stückweise wird deine Urzelle deinen Erfahrungsschatz freigeben.*

Mithilfe deines Seelentons kannst du auch eine sofortige Verbindung, einen Kanal zu uns Aufgestiegenen Meistern herstellen. Und vertraue uns, der oder die du diesen Weg mit uns gehst, wir stehen an deiner Seite, summen und tanzen den Ton deiner Seele, in dem Wissen und der Vorausschau, dass dies nur der Beginn unseres gemeinsamen Wirkens ist, und jeder von uns fühlt eine große Ehre, mit dir wirken zu dürfen. Mit all unserer Liebe segnen wir dich, bilden zusammen einen Kreis um dich und hüllen dich ein in ein heiliges Lied aus Tönen unserer Liebe für dich und dein Dual.

Maria, Sanat Kumara, Sananda, Miranlaya,
Lady Rowena, Kuthumi, El Morya

Maurice

Ich bin Maurice, ein Engel der Luft, Hüterin des fünften Strahls und zugleich Schutzherrin der Tiere. Ich möchte euch die Liebe eurer Tiere mit auf den Weg geben, und euch von ihrem Seelenplan erzählen.

Die Tiere besitzen ein hohes Maß an selbstloser Liebe und Opferbereitschaft, dessen Ausmaß viele der menschlichen Seelen auf der Erde noch nicht anzuerkennen bereit sind. Eure Haustiere suchen euch ganz bewusst aus, um mit euch zu leben, und euch bei eurem Seelenplan zu unterstützen. Es war ihre freie Wahl, und oft nehmen sie negative, oftmals körperliche Auswirkungen eures Handelns auf sich, übertragen diese auf sich und versuchen so stellvertretend, diese zu transformieren. Sie tun das mit einer so aufopfernden Liebe, deren Intensität ihr mit einem stillen und tiefen Blick in ihre Augen erkennen könnt.

Bei euren Haustieren, die sich speziell an eure Seite begeben haben, habt ihr oft selbst die Kraft, ihnen im Gegenzug Heilung zufließen zu lassen. Gebt ihnen durch Berührung ein wenig der Liebe zurück, die sie euch tagtäglich zuwenden.

Viele der Tierseelen haben sich ganz bewusst auf der Erde inkarniert, um einen Teil der Nahrungskette abzudecken. Sie begeben sich dabei wissentlich in einen Kreislauf von Kommen und Gehen, so ist es von ihnen gewollt und auch in Ordnung. Was sie jedoch nicht verstehen können, ist der Umgang mit ihren Körpern und die Art und Weise, wie sie oft ihr Leben verlieren. Sie opfern dieses ganz bewusst aus reiner Liebe, doch genau von dieser Liebe ist bei dem Tötungsakt auf der Erde nichts oder nur sehr wenig zu spüren.

Folglich möchte ich heute im Namen aller Tierseelen an die Lichtarbeiter der Erde, die ihr allen anderen um einen kleinen Schritt voraus seid, die Bitten der Engel der Tiere überbringen, verbunden mit dem Herzenswunsch an euch, diese zu verbreiten, auf dass auch das Miteinander mit eurer Tierwelt ein Wachstum an Liebe und Sanftmütigkeit erfahren darf.

Von großer Bedeutung ist es, dass die Tiere frei aufwachsen können, sie so leben zu lassen, wie es ihr Plan vorsieht, bis zu dem Zeitpunkt, an dem sie den Kreislauf des Lebens zunächst verlassen, um wieder nach Hause zurückzukehren. Dem Plan dieser bewundernswürdigen Wesen wird es nicht gerecht, lieblos und zusammengedrückt auf einem kleinen Stück Erde ihre Zeit zu verbringen, auch können sie so nicht ihr gesamtes Potenzial einbringen, das seinen Beitrag zum Wachstum der Erde entfalten sollte. Deshalb bitten wir um eine ausschließlich artgerechte Haltung, auch für eure Nutztiere. Lasst ihnen all die Herzenswärme zukommen, die sie für ihre ganz gezielte Aufopferung ihrer Körper benötigen.

Auch fordern wir einen respektvollen Umgang mit jeder Tierseele. Einige bedürfen noch der Weiterentwicklung und befinden sich auf der untersten Hierarchie der Entwicklungsstufe. Sie dürfen noch einige Erfahrungen machen, bevor sie sich so entfalten und entwickeln können, um als Nutz- oder später als eure Haustiere ihre Zeit auf der Erde zu verbringen. Ich meine hiermit zum Beispiel einige der Kriechtiere oder Käfer. Auch Spinnen gehören zum Teil in diese Gruppe, doch auch sie geben ihr Bestes in der Art und Weise, wie es dem Bewusstsein ihrer Entwicklungsstufe entspricht.

Wir haben sehr große Achtung vor diesen Tierseelen und der Ausführung ihres Erdenplans, und es wäre für uns sehr hilfreich, wenn auch ihr diese Tiere respektvoll mit eurem Segen unterstützen würdet. Je mehr Liebe und Anerkennung eurerseits diesen Tieren zuteil wird, desto eher werden sie sich weiterentwickeln. Es sind die letzten ihrer Gattung, und wenn diese sich in die nächste Stufe einreihen dürfen, wird es diese untere Form der Inkarnation auf der Erde nicht mehr geben. Es ist ein Teil der Entwicklung, des Aufstiegs der Erde, und es bedeutet, dass es keiner Entwicklung dieser Form und auf dieser Stufe mehr bedarf, denn alle diese Seelen steigen gemeinsam mit der Erde auf. Das ist großartig und zeigt den positiven Verlauf der Dinge auf, den guten Weg, auf dem sich Mutter Erde befindet.

Und gerade um diesen Aufstieg zu beschleunigen, bitten wir heute für alle Tiere um euren Segen und eure

Liebe. Je respekt- und liebevoller sich der Umgang mit der Tierwelt gestaltet, desto mehr Wachstum darf stattfinden auf der Stufenleiter dieser Entwicklungsebene.

Was speziell eure Haustiere betrifft, so darf ich heute einige Aspekte vom Wesen dieser Seelen und ihrer Aufgaben an euch herantragen. Meistens sind es Seelen, die sich bereit erklärten, schon vor Antritt eures Lebens auf der Erde, euch zu unterstützen. Sie alle warten in eurem Seelenland auf den bestmöglichen Zeitpunkt, um in euer Leben zu treten, euch an euren Plan zu erinnern und bei der Ausführung zu unterstützen.

Die meisten der augenblicklich auf der Erde lebenden Haustiere befinden sich auf der obersten Entwicklungsstufe der Tierseelen. Sie haben Eigenschaften und Fähigkeiten in einer Form entfaltet, dass sie selbst uns oft wie ein Wunder der Erde erscheinen. Sie haben Möglichkeiten entwickelt, Krankheiten und negative Strukturen ihrer Umgebung durch ihre Liebe aufzunehmen, um so andere davor zu bewahren. Dieses tun sie ganz bewusst und mit einer so unendlich liebevollen Kraft, deren Stärke einige von euch noch für sich entdecken dürfen.

Ich habe heute von dieser Liebe und ihrer Eigenschaften erzählt, damit ihr auch dieses weitergeben könnt, denn gerade eure Kinder bedürfen für ihre Entwicklung dieser Form der selbstlosen Liebe. Kinder, die gemeinsam mit diesen Tieren und deren Großmut aufwachsen, entwickeln ein hohes Maß an Fürsorge und lernen so die Weitergabe dieser reinen Wesensart. Auch das trägt zur Entwicklung der Erde bei und fördert ein freundliches, liebevolles Miteinander aller Seelen, egal auf welcher Entwicklungsstufe. Denn nur gemeinsam, Hand in Hand, könnt ihr den Reigen, den Tanz in ein neues Bewusstsein, ein gemeinsames und ausschließlich von Liebe geprägtes Leben beginnen. Deshalb ist es uns ein wichtiges Anliegen, dass ihr den Tieren für diesen Tanz eure helfende Hand reicht, so, wie sie es seit Anbeginn der Zeit für euch tun.

Am Herzen liegt uns auch, euch den Kreislauf der Tierseelen näherzubringen, damit ihr diesen besser verstehen könnt, und vielleicht gelingt es uns, euch mit diesem Wissen ein wenig der Traurigkeit zu nehmen, wenn eine Tierseele die Erde verlässt.

Eure Haustiere leben gemeinsam mit euch und euren Dualen sowie allen Seelenanteilen in einem Seelenland. Von dort aus kommen sie zur Erde, bis sie ihre Aufgabe erfüllt haben, oder aber ihr tierischer Körper mitunter so schwach wird, dass sie sich dazu entscheiden, Platz zu machen und heimzukehren und die begonnene Aufgabe einem Gefährten zu übergeben. Alles ist im Fluss und stellt einen normalen Ablauf im Kreislauf einer großartigen Entwicklung dar. Wenngleich euer treuer Freund die Entscheidung trifft, zurück in euer Seelenland zu gehen, seid traurig und weint die Tränen, weil eine Zeit vergehen wird, bis ihr wieder zusammen sein könnt, aber bitte verliert keine Tränen, als ob eure gemeinsamen Erfahrungen zu Ende wären, denn das wird niemals sein. Ohne Anfang, ohne Ende, im Kreis, gebunden aus Liebe, ist immer eine Verbindung über die Herzen möglich. Und so gebe ich euch heute die Gewissheit in euer Herz, dass keine Trennung von Dauer sein kann, denn Liebe verbindet, ohne Maß an Raum und Zeit, allezeit geborgen in der Unendlichkeit unseres Universums.

Und so segne ich euch, wissend, dass ihr mit jedem Blick einen Strahl der Heilung und durch jede Berührung diese selbstlose Liebe an ein Tier weitergeben werdet.

Maurice

Erzengel Zadkiel

Kein Wunder, an das ihr zu glauben bereit seid, kann die göttliche Wahrheit erfassen, die die Zeichen der Zeit, den Aufstieg von Mutter Erde bedeuten. Vieles, meine Kinder, wird sich verändern, jedoch sind es Veränderungen im Sinne von stetigem Wachstum, die nun bald in einem Zentrum von Glückseligkeit ihr Ende finden dürfen. Die verbleibende Zeit wird rasch vorüberziehen, und die letzten Erkenntnisse werden ein Einfaches sein im Vergleich zu allem bereits Erfahrenen.

Und so möchte ich euch mit meinem Beitrag einen Weg aufzeigen, wie ich euch auch mithilfe der kollektiven Energie von Lady Gaia bei diesen letzten Schritten unterstützen kann, und ihr im Gegenzug durch eure erhöhte energetische Frequenz gleichsam Unterstützung während der Aufstiegsjahre leisten werdet.

Alle negativen Strukturen, die sich im Verlauf der von euch bereits bearbeiteten Meditationen gelockert und auch schon gelöst haben, könnt ihr nun endgültig mir zur Transformation übergeben. Ich schicke euch durch euer Kronenchakra ein violettes, mit Gold- und Silberfragmenten durchflutetes Licht, gleich einem transformierenden göttlichen Lichtstrahl. Dieser nimmt alles auf, was zu dieser Zeit und in dieser Form nicht mehr in eurem physischen Körper sein sollte. Alles Losgelöste wird absorbiert und durch eure Fußchakren in die Erde geleitet. Ich halte diesen Lichtstrahl so lange aufrecht, bis auch die letzte negative Zelle von eurem Bewusstsein zur Transformation freigegeben wurde. Wenn das Kribbeln im Bereich eures Scheitels langsam nachlässt, könnt ihr eventuell spüren, wie ich meinen Lichtstrahl nach vollendeter Arbeit in die Sphäre meines Seins zurückziehe.

Durch euren, nun den energetischen Schwingungen des Quantensprungs angepassten Lichtkörper unterstützt ihr jedes Lebewesen, jedes Teil, jeden einzelnen kleinen Partikel, der auf Mutter Erde seine Erfahrungen macht. In eurer Aura befinden sich nun keinerlei „trübe Wolken" mehr, auch sie erscheint klar und durchlässig. Und so könnt ihr mit eurem physischen Körper, mit dem Ausstrahlen von reiner Liebe und einem gereiften Bewusstsein Lichtarbeiter und somit Pioniere für die Erde sein.

Jedes Lächeln, das ihr schenkt, jedes Gefühl, das ihr gebt, ist wie ein Strahlen der Sonne zum Auftakt eines neuen Morgens. Ihr selbst seid das Erwachen dieses Tages, denn durch das Leuchten eurer Augen und das Strahlen eures Seins werdet ihr vielen Mitstreitern Blumen auf ihren Entwicklungspfad streuen; einem Pfad, auf dem für manche noch vereinzelt kleine Kieselsteine liegen, die sie momentan noch daran hindern, ihr volles Potenzial zu entfalten.

Euch, meine Kinder, für all euren Mut, einen Weg zu gehen, in einer Zeit, in der das Verständnis und das Bewusstsein vieler Seelen sich noch nicht entfalten konnte, danke ich mit all der Liebe meines Seins. Als Dank schicke ich euch einen gebündelten Lichtstrahl, gespeist von allen Wesenheiten der Weißen Bruderschaft, direkt in euer Herz. Euer Weg, eure Zuversicht und eure Liebe werden auf ewig geschützt und gesegnet sein, und für eure letzten Entwicklungsschritte sind wir es, die für euch Blumen streuen.

Zadkiel

Nathanael

Gemeinsam mit den liebenden Einheiten des Lichts dienen wir als Überbringer und Boten der lebendigen Liebe für die bereits angebrochene Neue Zeit. „Wenn der Körper die Erde wärmt" ist eine Ansammlung von Durchgaben, genau abgestimmt auf die Anhebung und Weiterentwicklung eurer jetzigen physischen Körper. Diese durften sich mithilfe der zurückliegenden Meditationen bereits auf die Schwingung einstellen, die für die kommenden Jahre auf der Erde vonnöten sein und es vereinfachen wird, die Veränderungen bis zum Quantensprung mitzuerleben und auch ihre Wirkung in euer System aufzunehmen und weiterzugeben.

Wir gaben eine Anzahl von insgesamt 21 Durchgaben bekannt. Die nun folgenden fünf Verkündungen dienen zur Erhöhung und Ausdehnung der geistigen Energie und werden ebenfalls Wege aufzeigen, Liebe und somit auch Heilung weiterzugeben.

Ich bitte dich, in der Form, wie es für dich am einfachsten ist, deinen Körper und Geist zur Ruhe zu bringen. Nimm wahr, wie eine strahlend weiße Taube auf deiner rechten Schulter Platz nimmt. Diese Taube wurde von uns mit der Energie des absoluten Friedens und der universellen Liebe ausgestattet, sie ist ein von uns erwähl-

ter göttlicher Bote, dessen Energie nun dein ganzes Sein durchdringt. Strecke deine rechte Hand aus und erkenne, wie sie darauf Platz nimmt und du ihr direkt in die Augen schauen kannst.

Nun, mein(e) Verbündete(r), vernimm, wie dir die Taube ihren Namen zuflüstert. Und unbewusst erkennst du in ihrem Namen so viele Wahrheiten, deren Gefühle die Erinnerungen an eine, über viele Lebzeiten andauernde tiefe Freundschaft erwachen lassen.

In diesem Leben wird eure treue Wegbegleiterin euch, und somit uns, dabei helfen, das Geschenk eurer Liebe auf der Erde auszubreiten. Von diesem Augenblick an reicht ein Gedanke, das Rufen ihres Namens aus, und die Taube landet direkt in eurer rechten Hand. Von dort aus erklärt ihr euren Auftrag, ihr Ziel, wohin sie den Strahl deiner Liebe überbringen darf. Wenn ihr euer Anliegen übermittelt habt, lasst dieses gedanklich los und pustet zum Zeichen ihres Flugbeginns sanft euren Atem in ihr Sein.

Das ist eine großartige Möglichkeit für euch, unermesslich viel Liebe und Heilung auf der Erde zu verteilen, und durch die Unterstützung des euch anvertrauten göttlichen Boten kann Heilung grenzenlos, bis hinein in ein anderes Universum, weitergetragen werden. Diese Arbeit ist ebenfalls ein sehr gutes Mittel, um Kindern aufzuzeigen, wie sie ihren Geist auf ein bestimmtes Ziel ausrichten können. Unendlich viele Seelen warten in unseren Reichen darauf, für euch die Übermittler dieser göttlich leitenden Energiestrahlen sein zu dürfen. Die Liebe zur Erde, der innige Wunsch, euch bei der Reise in die Neue Zeit zur Seite zu stehen, ist von einer unvorstellbaren Intensität. Mit dem Wunder der Erde durften auch viele Seelen aus anderen Reichen erkennen, was die Liebe Einzelner imstande ist zu bewirken und mit welcher Geschwindigkeit sich diese um ein Vielfaches bereits ausgebreitet hat.

Jede einzelne Taube ist von uns gesegnet und hat ausnahmslos den Wunsch und den Auftrag, eure Liebe und euren Frieden in die Welt zu tragen. Und so seid ihr Verbündete meines Seins und göttliche Boten der Neuen Zeit.

Nathanael

Lakshmi, hinduistische Göttin

In dem Augenblick, in dem es für euch zur Wahrheit wird, dass ihr den Aufstieg mit der Erde miterleben werdet, findet der innere Kampf seinen Frieden. Ab dem Moment, an dem ihr den Glauben an euch selbst, eure Arbeit für Mutter Erde und die Liebe für diesen Planeten voll annehmen könnt, werden alle geistigen Blockaden freigesetzt, die tief in Mutter Erde durch die er- und durchlebten Kenntnisse verwurzelt sind. Tief wie das Meer liegen diese Erfahrungen breit verstreut in eurem Geist, gestrandet über Wellen von Angst und Schuldbewusstsein. Diese Wellen werden versiegen, wenn das Meer zu einer Quelle aus Frieden und somit zu einem Ozean aus reiner Liebe geworden ist.

Es ist von großer Bedeutung, dass euer Geist reinen Herzens an all das glaubt und überzeugend und für uns unterstützend weitergeben kann, was sich in den Aufstiegsjahren der Erde lösen und somit wandeln darf. Die Essenz, die Wahrheit aller gemachten Erfahrungen, liegt tief verborgen im Sand der Meere. Durch das wachsende Einheitsbewusstsein der Erde und den bereits vollzogenen Wandel der Neuen Zeit werden die sich tief im Sand abzeichnenden Narben nach und nach verblassen.

Wir können das bereits Geschehene überblicken und sagen euch: Allein die Arbeit der vergangenen Monate stellt Meilensteine des Fortschritts für Mutter Erde dar. Stunde um Stunde geschehen neue Wunder, aus denen unsere Tränen der Bewunderung aufgrund der Weiterent-wicklung und der Liebe für euch den Ozean der Erde auf-füllen.

In der Essenz dieser Tränen liegt das Salz der Meere verborgen, das zur Loslösung der Spuren, die tief verwur-zelt im Meeressand sind, befähigt und somit die absolute Freiheit des Geistes mit sich bringt.

Und so nehmt wahr, wie ich durch meine tiefe Liebe zu euch meine Tränen in den Ozean der Erde vergieße, und mit jeder meiner Tränen dein Geist freier und leichter werden darf.

Meine Schwester, mein Bruder, mit einer Lotosblume angereichert, mit meiner unendlichen Liebe für dein Sein, segne ich euch.

Lakshmi

Ganesh

Die letzten Durchgaben dienen zur vollkommenen Aufrichtung eures Geistes und zur Vorbereitung einer kommenden Zeit nach vollendeter Arbeit, beginnend mit dem Aufbruch eines Pfades der gelebten Glückseligkeit auf Erden. Wenngleich das Ziel bereits in Sicht ist, liegen mitunter vereinzelt noch einige Steine entlang dieses Pfades, die ich heute mit der Stärke eines Elefanten für euch aus dem Weg räumen werde.

Stell dir vor, wie du mit mir an deiner Seite, Hand in Hand, einen geraden Weg entlangläufst, auf dem uns vereinzelt kleine Steine und Geröll in der unterschiedlichsten Form am einfachen Begehen dieses Weges hindern. Erkenne, wie ich diese mühelos, durch einen gebündelten Kraftstrahl über mein Drittes Auge bewege und so den Weg für uns freimache. Es ist dein Weg, die Steine stellen deine letzten, sich noch abzeichnenden geistigen Blockaden dar. Du musst es nur verinnerlichen und bewusst daran glauben, dass du am Anfang eines grenzenlos unbeschwerten, völlig sorgenfreien und losgelösten Weges stehst und nur noch den ersten gezielten Schritt gehen musst.

Visualisiere am Ende deines Weges eine strahlende Sonne am Horizont. Ihre Sonnenstrahlen werden immer den richtigen Kurs für dich beleuchten, und mit jedem Schritt auf deinem Weg wird auch deine Seele mehr und mehr erleuchten.

Geht immer mit dem Blick zur Sonne gerichtet, und mit der Stärke meiner Energie versichere ich euch: Je näher ihr zum Licht der Sonne kommt, desto weiter fallen die Schatten der Vergangenheit hinter euch. Meine Stärke wird euch beim Übergang in die Neue Zeit fortwährend begleiten, und gemeinsam mit den lichten Helfern aus der Geistigen Welt kristallisiert sich der Rest dieses Ganges schon als Anfang einer neuen Ära für die Erde.

Mein Segen stärkt allezeit jeden eurer Wege.

Ganesh

Fee Sun und Elfe Raphaela

Noch bevor Sananda zum Abschluss seine Worte an euch richten wird, sind wir es, die euch noch die schwingende Leichtigkeit der Federn, entfallen aus den Flügeln der Feen und Elfen, mit auf euren Weg geben dürfen. So viel habt ihr hinter euch gelassen, alle alten Strukturen wurden gelöst, sodass für den Beginn einer Neuen Zeit schon jetzt die Grundmauern gesetzt sind. Nun ist die Zeit reif für euch, anzukommen am Beginn dieser neuen Ära der Erde, eure Energien dürfen sich setzen, und ihr selbst dürft zur Ruhe kommen. Dann wird es darum gehen, eure Erkenntnisse, eure Wahrheit weiterzutragen, eure Liebe dafür zu nutzen, anderen ein Licht auf ihrem Weg zu sein.

Viele der menschlichen Seelen sind nach wie vor auf der Suche. Jeden Morgen beginnen sie mit einem Augenaufschlag, durchdrungen von Angst und Unsicherheit, was der Tag wohl bringen mag. Verängstigt entscheiden sie sich meistens für einen vermeintlich sicheren Pfad, gepflastert von Abhängigkeiten und der stetigen Suche nach dem kurzen Glück. Gerade sie brauchen die Lichtarbeiter für ihre Entwicklung, denn ohne euer Vorleben und eure Kraft werden sie straucheln, und wir können und dürfen sie dabei nicht auffangen. Sie mögen ihre eigenen Erfahrungen machen, und wir müssen es respektieren, wenn sie lieber erst durch ein tiefes Tal reisen möchten, um dann von dort aus ihren Aufstieg zu beginnen.

Aber das Leuchten einer jeden entwickelten Seele strahlt in die noch verbleibende Dunkelheit wie ein strahlender Stern am Himmel. Und jede Seele, die ihr durch euer Sein in ihrem Herzen berührt, wird als Glanzpunkt am Himmel erblühen.

Wir wissen, dass die letzten Jahre mitunter sehr unruhig für euch gewesen sind und auch dieses Vorleben, gerade das Festhalten und Manifestieren eurer Wahrheit, sehr kräftezehrend war. Hierfür möchten wir euch mit der Leichtigkeit unseres gemeinschaftlichen Seins belohnen. Wir hauchen euch weiße Federn unserer Flügel in euer Herz. Sie werden dort Leichtigkeit bringen, wo einst Schwere war, und Reichtum möglich machen, wo sich vorher Mangel abzeichnete.

Jede weiße Feder, die euch nun auf eurem Weg begegnet, ist ein Gruß von uns und ein Zeichen unserer großen Liebe zu euch. Und jedes Zwitschern eines Vogels ist ein Lied, komponiert aus Tönen des Glücks für euch von den Engeln des Lichts.

Fee Sun und Elfe Raphaela

Sananda

Meine Kinder, Stufe um Stufe seid ihr emporgestiegen auf der Entwicklungsleiter der Erde. Mit jedem Abschnitt seid ihr gewachsen, sodass nun bereits die Sicht auf die nächste, höherliegende Ebene freigegeben wurde. Eine Ebene, die in ihrer Bewusstseinserfahrung um ein Vielfaches höher liegt, auf der die Töne dieser Tonleiter der nächsten Erfahrungsebene feiner klingen und nur in Harmonie das Lied der ewigen Liebe und des Friedens erklingen kann.

Ich möchte euch mit meinem Beitrag, der gleichzeitig den Abschluss dieser Durchgaben verheißt, die Gewissheit mit auf den Weg geben, dass ihr wirklich die letzte Stufe der Entwicklungsleiter erreicht habt und der Sprung in eine neue Ära gemeinsam mit Mutter Erde bevorsteht. Alles erfahrene Leid und alle Negativität wird auf den Sprossen der emporgestiegenen Leiter zurückbleiben, und der Sprung wird umso einfacher sein, je mehr Ballast ihr bereit seid abzuwerfen.

In der Tiefe ihres Herzens denken einige Seelen immer noch an einen aufopfernden leidenden Jeshua, und ich sage euch: Auch diese alten Glaubensansätze gehören nun endgültig in das bereits verschnürte Paket aus alten Strukturen und Ballast, das nicht mehr in die Ära der Neuen Zeit gehört. Lasst in Dankbarkeit los und verabschiedet euch endgültig von Auffassungen und Behauptungen, die euch immer wieder vorgesprochen, aber nicht aus der Reinheit des Glaubens und der Macht der Liebe geboren wurden. Wie könnte Liebe verurteilen oder sich anmaßen zu bewerten?

Und deshalb bitte ich euch reinen Herzens, an das zu glauben und dieses auch weiterzugeben, was ihr mit der Kraft der Liebe zu glauben imstande seid. Wenn reine Liebe fließt, ist das immer ein Zeichen von Vater/Mutter Gott, denn dann werden der Gott und die Göttin in euch selbst erfahrbar und in die Welt getragen. Das ist das Wunder des wahren Glaubens: durch die Kraft des eigenen Herzens einen Teil der göttlichen Liebe weiterzugeben.

So vieles hat sich in den letzten Jahren auf der Erde gewandelt, zahlreiche Erfahrungen durften wachsen und reifen, viele Seelen gingen durch ihre Meisterjahre und haben ihre abschließenden Erkenntnisse bereits machen und somit ihr Sein ein Stück weiter zur Erleuchtung bringen können. Viele der Lichtarbeiter, die es uns möglich machen, heilend und unterstützend durch sie zu wirken, haben schon jetzt das Quantum ihrer Erfahrungen erreicht und stehen ausschließlich uns und Mutter Erde zur Verfügung, um den Quantensprung liebevoll und hilfreich zu begleiten. Sie wissen um die Reinheit des Glaubens und die Weitergabe von reiner Liebe, die wir euch mitunter aus unseren Ebenen zur Verfügung stellen können. Und weil durch diese Arbeit auch ein Zutun aus unseren Reichen um ein Vielfaches einfacher wurde, möchte ich euch heute einladen, von mir die Taufe zu empfangen, zur Freude der Gesamtheit eurer Seele einzutauchen in die Geburt einer Neuen Zeit.

Schließe deine Augen. Mit der Einfachheit und der Kraft der Liebe meines Seins nehme ich dich an beide Hände. Wir beide sind uns so nah, dass sich unsere Energien vermischen und du durch einen Blick in meine Augen ein Gefühl von absolutem Vertrauen und meiner unendlich großen Liebe für dich bekommst. Lass uns gemeinsam diese Vereinigung des Glücks auf der Plattform der Liebe zu Allem-was-ist und zu allem, was noch sein wird, zu einem Aussichtspunkt machen.

Ich überschütte dich mit all meiner Liebe, und mit jedem neuen Atemzug darfst du endgültig erkennen und alles, was war, loslassen, und das uneingeschränkte Glück darf wachsen, die Freude auf den gemeinsamen Tanz in eine neue Epoche, eine Zeit, in der endlich absoluter Frieden für alle Seelen erfahrbar sein wird. Je leichter und beschwingter dein Sein ist, umso mehr Vertrauen wächst in dir, Vertrauen darauf, dass du niemals, zu keinem Zeitpunkt alleine warst und dies auch niemals sein wirst. Wir sind in jedem Augenblick deines Seins bei dir und halten dich, auch wenn es für dich nicht immer spürbar ist.

Auf der letzten Stufe der Entwicklungsleiter der Erde dürfen wir viele von euch während des Sprungs in ein Neues Zeitalter des Bewusstseins tragen, sodass sie die-

se Erfahrung machen dürfen, losgelöst und voller Vertrauen in uns. So, mein Kind, wirst auch du getragen.

Und so trage ich dich, in meinen Armen haltend, zu einem Fluss, den wir Madeira ke Assonait nennen, und der für uns der Fluss der Einheit, der Wiedergeburt und Vervollständigung aller Seelenanteile, allen Wissens und der einen Liebe aus Allem-was-ist darstellt. Sein Wasser trägt die Farben Gold, Silber, Grün und Blau, gemischt aus den Fragmenten der Erde und des Himmels, als Zeichen der Verschmelzung der Duale und des absoluten Friedens, der vertrauensvollen Hingabe an die Liebe, die einst aus der einen Zelle geboren wurde und in der alles Wissen gespeichert ist, so, wie auch in deiner dir eigenen Urzelle.

Und so, mein Kind, trage ich dich langsam und sanft in den Fluss hinein, und noch immer halte ich dich geschützt in meinen Armen. Du spürst das heilige Wasser auf deinem Körper und eine tiefe Liebe, deren Glauben an dieses Gefühl und das Wissen darum zu einer starken Sehnsucht für dich wurden. Diese Sehnsucht darf sich nun in eine Sicherheit deines Glaubens und meiner unendlichen Liebe für dich wandeln. So träufele ich dir mit meiner Hand sanft das heilige Wasser auf deine Stirn, zur Taufe und zur Feier deiner Seele, in einer Zeit, in der du dich nach einem so starken Gefühl der Liebe nie mehr sehnen musst, denn ich bin allezeit da, um dich zu halten. Mein Kind, sei dir gewiss, durch die Taufe und das Erfahren des heiligen Wassers wird es für uns ein Einfaches sein, dich in die

Neue Zeit zu begleiten, dich, wann immer du es wünschst, zu halten und dich jederzeit in unsere Liebe einzuhüllen.

Du bist nicht allein, du warst es nie, und du wirst es niemals sein. Wir sind stets an deiner Seite, sodass du im Kreis derer, die durch und für dich wirken, vollkommen geborgen bist.

Und so sind es deine Begleiter, alle, die seit Anbeginn der Zeit mit dir sind, die dich am Ufer des heiligen Flusses in Empfang nehmen und zurückbringen in das Bewusstsein von Mutter Erde, die für den Bruchteil einer Zeit noch deiner Unterstützung bedarf. Und ich segne diesen noch verbleibenden Abschnitt und dein Tun durch meine große Liebe zu dir und gebe dir mein Wort, dass ich in jedem Moment bei und mit dir sein werde.

Im Namen von Gott-Vater und Gott-Mutter ist mein Segen allezeit mit dir.

Sananda

Abschlussworte

Diese Durchgaben in die Welt tragen zu dürfen, war für mich mitunter eine große Herausforderung und zugleich ein himmlisches Geschenk, das ich in Demut vor der großen Ehre, die mir damit zuteil wurde, von Herzen angenommen habe.

Mit meiner ganzen Liebe danke ich allen, die den Mut aufbrachten, an mich zu glauben.

Euer Zuspruch war es, der mir die Kraft gab, auf diesem Weg zu bleiben, – in der Hoffnung an die Erfüllung eines gemeinsamen Traums.

„Wenn einer alleine träumt, ist es nur ein Traum.
Wenn Menschen gemeinsam träumen,
ist es der Beginn einer neuen Wirklichkeit."

(Dom Hélder Cámara)

Julia Schuricht
Maitreya – Die sieben Lektionen der Liebe
ca. 200 Seiten, A5, broschiert
ISBN 978-3-941363-25-0

Dieses Buch enthält die geheimen Schlüssel des Einweihungs-
wegs des Herzens. Maitreya beschreibt sie als sieben Stufen auf
einer Leiter, die ineinander verwoben und nicht wirklich voneinander zu trennen sind. Maitreya gibt tiefe Einblicke in univer-
selle Zusammenhänge des Seins und der Schöpfung sowie der
Menschheitsgeschichte. Durch Erleben und Integrieren der „Lektionen der Liebe" erlebt der Mensch, der in diesem Prozess der
Meisterschaft sein Herz vollkommen öffnet, seinen Weg in die Freiheit des Seins.
Eine sehr liebevolle Anleitung für den Gang ins Zentrum und die Meisterung der
menschlichen Erfahrung.

Marianna Kehrwecker
Djwahl Khul
Nur ein Schleier trennt euch vom Licht
ca. 320 Seiten, A 5, gebunden, mit Leseband
ISBN 978-3-941363-23-6

„Das Zentrum Allen Seins, das da war, ist und immer sein wird,
ist ewig und immerwährend. Es ist überall. Ihr nennt es den Ur-
sprung des Lebens, die Schöpferkraft, die Quelle, das ICH BIN,
Gott – es ist unfassbare Liebe und Licht.
Ihr aber seid Teil dieses Zentrums Allen Seins – und nichts kann
euch letztlich davon trennen in ewiger Zeit. Der Ort eurer Verbin-
dung aber ist euer Herz, eure liebende Wahrnehmung."
Der Meister Dwahl Khul spricht klar, liebevoll und aufbauend in eindrücklichen Bildern
zu uns. Wenn du diese Worte in dich hineinlässt, diese Liebe erlaubst, berühren sie
dich im Innersten und wecken Wandlungskraft, damit wir alle wieder Engel auf Erden
werden. Auch du!

Andrea Kraus
Toröffnung in die Fünfte Dimension
Energieausgleich durch Metatron, Saint Germain, Kuthumi...
272 Seiten, A5, gebunden, mit Leseband
ISBN 978-3-941363-18-2

Immer spannender werden die Herausforderungen in der Pha-
se des Übergangs in ein neues Zeitalter, das wir spätestens am
21.12.2012 erreicht haben. Kein Wunder also, dass viele Menschen aufgrund dieser Umwälzungsprozesse ins Bodenlose stür-
zen. Und ihre Fragen werden immer dringlicher:
Und da ist sie – die Hilfe aus der Geistigen Welt: Die Aufgestiegenen Meister, weise Priester und Erzengel stehen uns zur Seite und führen uns durch
die Dschungellandschaften des Chaos und der Zusammenbrüche. Ganz konkret nennen sie uns Möglichkeiten und Techniken, mit denen wir uns selbst helfen können,
unsere Gefühle zu heilen, um schließlich Schritt für Schritt in ein erfülltes Dasein zu
gelangen.